Kleine Lebenshelfer

Kleine Lebenshelfer

Band 4

Eifersucht

Schutzschild der Liebe?

Ulrich Beer

Centaurus Verlag
Herbolzheim 2004

Zum Autor:
Ulrich Beer, geb. 1932, Dr. phil., Prof. h.c., Diplom-Psychologe, ist Verfasser von mehr als siebzig Büchern, die zum Teil in mehrere Sprachen übersetzt wurden. Er war psychologischer Kommentator von über sechzig Sendungen „Ehen vor Gericht" und lebt heute als freiberuflicher Psychologe, Graphologe und Fachschriftsteller in Eisenbach im Hochschwarzwald.

Die Deutsche Bibliothek – CIP-Einheitsaufnahme

Bibliographische Information der Deutschen Bibliothek:
Die deutsche Bibliothek verzeichnet diese Publikation in der
Deutschen Nationalbibliographie; detaillierte bibliographische Daten
sind im Internet über http://dnb.ddb.de abrufbar

ISBN 3-8255-0554-5

ISSN 1860-0379

Alle Rechte, insbesondere das Recht der Vervielfältigung und Verbreitung sowie der Übersetzung, vorbehalten. Kein Teil des Werkes darf in irgendeiner Form (durch Fotokopie, Mikrofilm oder ein anderes Verfahren) ohne schriftliche Genehmigung des Verlages reproduziert oder unter Verwendung elektronischer Systeme verarbeitet, vervielfältigt oder verbreitet werden.

© *CENTAURUS Verlags-GmbH & Co. KG, Herbolzheim 2004*

Frontispiz: "Julchen" von Wilhelm Busch
Umschlaggestaltung: Roswitha Stemmer-Beer / Klaudija Mocnik
Satz: Günter Schwier, Eisenbach
Druck: primotec-printware, Herbolzheim

Eifersucht – die Hölle der Liebe

Eifersucht ist die Kehrseite der Medaille, die Liebe heißt. Niemand will sie gern wahrhaben, aber es scheint keine Liebe ohne sie zu geben, und sobald die Medaille sich umkehrt, wird die Eifersucht sichtbar. Dabei sollte es sie eigentlich gar nicht mehr geben.
Sie gehört angeblich zu den überholten Einstellungen, den falschen Gefühlen, mit denen sich nur ein patriarchalisches Besitzverhältnis verteidigt und gleichzeitig enthüllt. Sie ist jener pervertierte Rest von Liebe, mit dem einer sich an den anderen, oder richtiger, den anderen an sich zu klammern sucht – und das um so mehr, je weniger Liebe in Wahrheit in der Beziehung wohnt. Eifersucht gilt als eine archaische Erscheinung wie Blutrache oder Brautkauf – eines erwachsenen, souveränen, modernen Menschen nicht würdig, der selbständig und in sich ruhend dies auch vom Partner voraussetzt, der ihm gönnt, was er bekommt, der frei ist von Neid und Ichsucht, von Begierde, die haben will, und statt dessen erfüllt von Liebe, die geben will – so in der Sicht jener Utopisten, die in den letzten Jahrzehnten immer wieder einmal die humane Gesellschaft freier und zwanglos liebender Menschen, die glückliche Welt von morgen also, ausgerufen haben. Einer von ihnen, Arno Plack, hat den bemerkenswerten Satz formuliert: „Eifersucht hat zweifellos die Wahrheit spontanen Gefühls, aber die Wahrheit dieses Gefühls ist

weitgehend keine andere als die Wahrheit des Hasses." Der erste Teil des Satzes läßt sich auf Anhieb bejahen, den zweiten gilt es zu überprüfen.

Das Ergebnis darf hier getrost schon vorweggenommen werden: Liebe ohne Eifersucht gibt es nicht, und – so mörderisch die Eifersucht sein kann – sie dem Menschen austreiben, sie verdrängen, nicht wahrhaben, wegerziehen oder wegzwingen zu wollen müßte noch mörderischer enden. Das hat sie mit vielen menschlichen Grundübeln gemein: Der Versuch, sie auszurotten, hat meist nur größere Übel zur Folge. Bei Urgewalten, denen wir um uns oder in uns ausgesetzt sind, scheint es ratsamer, sie sich vertraut zu machen, womöglich sie zu zähmen, zumindest aber, sie zu kennen, ihnen ins Auge zu sehen, um mit ihnen leben zu können. Wo geliebt wird, wird über Liebe auch eifersüchtig gewacht.

Natürlicher oder entarteter Trieb?

Als Trieb bezeichnen wir eine Kraft in uns, die mit natürlicher Elementargewalt ihr Recht fordert und der Selbst- oder Arterhaltung dient. Essen, Trinken, Paaren, Kinderaufziehen, Angreifen oder Fliehen sind solche Elementartriebe, die auch bei Menschen mit ungestümer Leidenschaft durchbrechen können. Gemessen an der Stärke der Leidenschaft jedenfalls könnte die Eifersucht zu ihnen gehören. Es gibt kein verbreiteteres Motiv für Haß und Mord als das enttäuschte Liebesverlangen, das sein vermeintliches Recht gegen einen Dritten erkämpfen oder im Falle der Niederlage rächen möchte und das wir mit dem Wort Eifersucht so bezeichnend umschreiben. Will man die Stellung der Eifersucht im Kosmos der Gefühle bestimmen, so wird eine Zwitterstellung deutlich: Starke, positive Affekte klingen an wie Liebe, Lust, Leidenschaft, aber auch negative wie Angst, Habgier und Neid. Und ähnlich schillernd erleben wir die Eifersucht auch. Wir können sie uns ohne leidenschaftliche Liebe ebensowenig vorstellen wie ohne den bitteren Beigeschmack mißgünstiger Habgier. Auf der einen Seite gilt sie als Beweis von Liebe, auf der anderen Seite als deren Widerlegung. Unter dem einem alten französischen Volkslied entlehnten Titel „Liebe ist ein Kind der Freiheit" vertritt Heinz Körner diese Idealposition: „Wirkliche Liebe kann nicht eifersüchtig sein. Doch wird sie nur der Mensch geben können, der zufrieden in sich ruht, um den Wert seiner Person weiß und es sich leisten kann, einem geliebten Menschen Individualität zuzugestehen ... Nur geheuchelte Liebe wird zur Eifersucht neigen, die Liebe derer, die ihren Nächsten genausowenig lieben können wie sich selbst. Wer sich im Grunde minderwertig fühlt und sich selbst ablehnt, wird diese Verachtung auf andere übertragen und seinen Partner als Leibeigenen, als Sklaven sehen."

So einfach soll es also sein: Allein ein Mensch mit entwickelter Individualität, der seinen Selbstwert kennt und sich liebt, kann auch den anderen lieben und ihn freigeben Wer eifersüchtig ist, lehnt sich selbst ab, verachtet andere, heuchelt nur Liebe und trachtet, den anderen als Sklaven an sich zu binden. Hier wird am Beginn eines „Lesebuches für Erwachsene" zum Thema Eifersucht der Begriff gleich so gefaßt und mit negativen Wertakzenten versehen, daß er anschließend in einer Reihe – gewichtiger und interessanter – Beiträge schonungslos angegriffen werden kann.
Hiernach entspringt Eifersucht als zwangsläufige Folge dem für unsere Kultur grundlegenden Verhältnis von Patriarchat und Privateigentum beziehungsweise ist ein Ergebnis „des im Kapitalismus notwendigen Denkens in den Kategorien Profit, Ware, Konkurrenz und Eigentum." In dieser Welt werden Frauen von Männern gekauft, ausgehalten, beherrscht, unterdrückt und ihr Besitz gegen Konkurrenten verteidigt. Darin liegt sicher ein möglicher Grund für das Entstehen von Eifersucht, aber eben doch nur einer. Oder wie wäre es sonst zu erklären, daß Männer keineswegs eifersüchtiger über die in ihrem Besitz befindlichen Frauen wachen, als umgekehrt Frauen dies gegenüber den Männern tun, die sie lieben? Wie wäre es zu erklären, daß mit dem Abbau des Patriarchats die Eifersucht offenbar nicht abnimmt und daß in Gesellschaften ohne Privateigentum die persönlichen Liebesbeziehungen ebenso stark

von Eifersucht heimgesucht werden wie in kapitalistischen Gesellschaften? Und selbst die Versuche, eifersuchtsfreie Sexkommunen zu verwirklichen, die den Anfang von Studentenbewegung und Jugendrevolte in den sechziger Jahren charakterisierten, scheiterten nach kurzer Dauer an der Eifersucht oder, richtiger, an dem Anspruch auf ausschließliche Paar- und Partnerbeziehungen, die mit Querverbindungen und Promiskuität eben nicht vereinbar waren.

Die Geister scheiden sich an diesem Punkt, an dem man einen bedauerlichen Rückfall in veraltete patriarchalische Ansprüche sehen will oder aber das unausweichlich sich durchsetzende und ethisch wie anthropologisch unverzichtbare Vorrecht der Paarexklusivität und Partnerbildung erkennt, das gerade ein Zeichen der Höherentwicklung darstellt. Darum erbringen auch völkerkundliche Vergleiche, etwa der Hinweis auf die in der Südsee lebenden Trobriander von Malinowski (vgl. Malinowski, B.: Geschlecht und Verdrängung in primitiven Gesellschaften, Reinbek 1962) wenig, auch wenn diese beneidenswert frei von Gewalt, Krieg und Kriminalität ihr glückliches Leben führen. Ihre mutterrechtliche Gesellschaft ohne Privateigentum und einengende Sexualnormen ist nur denkbar und möglich, wenn man einen weitaus geringeren Grad der Individuation, also der Persönlichkeitsbildung und -entwicklung, voraussetzt. Wir dürfen uns das Lebensgefühl solcher Frühgesellschaften als ein großes umschließendes Wir, als einen Mutterschoß vorstellen, in dem sich individuelles Bewußtsein kaum entwickelt hat.

Sicher hat der sozusagen postnatale Zustand unserer Hochzivilisation mit ihren Zerrissenheiten und Widersprüchen, ihren Pluralismen und Partikularismen, Konkurrenzen und Spannungen demgegenüber erhebliche Nachteile, aber der Vorzug, der im Erleben des einzelnen wahrscheinlich das alles aufwiegt, ist in unserer Hochzivilisation der Grad der Individuation, die Fähigkeit des Ichlebens, der Freiheit und Selbstverantwortung, der persönlichen Entscheidung, des kritischen Bewußtseins, der Selbstverwirklichung, aber auch der personalen Bindung. Je höher die Individuation, um so stärker und ausschließlicher ist im einzelnen die Hoffnung auf einen Menschen, der uns versteht, der zu uns paßt, der gleichsam für uns geschaffen ist, zu dem wir passen, zu dem wir gehören und der zu uns gehört.

Gerade in der nachparadiesischen Isolation des einzelnen, der längst vollzogenen Trennung von Natur- und Urgemeinschaft, brauchen wir die freigewählte Bindung, die persönliche Entsprechung, die liebende Paarexistenz um so mehr. Mag man in ihr nun das letzte Relikt urgemeinschaftlicher Einheit oder frühkindlicher Symbiose sehen oder, im Gegenteil, die höchste Form der Selbstverwirklichung im Erkennen des Du und der gemeinsam gefundenen neuen Identität – hier berühren sich die Extreme, hier erfüllen sich uralte, doch immer aktuelle Sehnsüchte.

Wer die individuelle Paarbindung für einen Rückfall in Primitivität und Infantilität hält, muß alle Erscheinungen, die sie begleiten und umgeben, also auch die Eifersucht, als antiquiert und beengend empfinden und ablehnen. Wer die persönliche Paarbeziehung als ein besonders hohes humanes Gut, als eine zeitlose tiefe Sehnsucht und ihr Gelingen als höchste menschliche Erfüllung ansieht, kann die Begleiterscheinungen, darunter die Eifersucht, gelassener hinnehmen – ohne darum schon ihre Entartungen zu akzeptieren.

Eine Begleiterscheinung ist sie allerdings, und wohl nie ganz von der persönlichen Liebe zu einem Du zu trennen. Eifersucht kann viele Namen haben: Sorge um den anderen, um Verlust und Verlassenwerden, Furcht vor Konkurrenz und mehr Liebe durch oder für andere, Angst vor Bedrohung des Glücks und der gemeinsamen Zukunft durch irgendein Drittes, Wunsch nach inniger und dauerhafter Ausschließlichkeit, gleicher und bleibender Erwiderung eigener Gefühle, nach Beständigkeit und Treue.

Was daran ist so schlimm? Je schöner und höher ein Gefühl, um so heikler und gefährdeter ist es auch. Das vibrierende Zittern ängstlicher Eifersucht begleitet die Liebesgefühle wie ein stachliger Schutzmantel, und solange die Liebe überwiegt, kehrt sie ihre Stacheln nicht nach innen, wird sie also auch kaum und schon gar nicht störend spürbar. In diesem glücklichen Zustand läßt sich Eifersucht als schmeichelhafter Beweis der Liebe deuten, zumal sie dann in ihren Formen weder eifrig noch süchtig daherkommt. In beiden Wortbestandteilen – im Eifer und in der Sucht – werden allerdings die Entartungs-, ja Fanatisierungsgefahren angedeutet, die diesem Gefühl jedenfalls in dem Augenblick drohen, in dem die Liebesbeziehung nicht mehr sicher, nicht mehr gegenseitig und nicht mehr ausschließlich ist.

Renate traut ihren Augen nicht: In dem Brief des Spessart-Hotels, der dem an Herrn und Frau F. adressierten kleinen Päckchen beiliegt, heißt es tatsächlich: „ ... hat Ihre Gattin ihren Schal liegenlassen, den wir Ihnen hiermit zurücksenden ..." Renate hält das gelbe Seidentuch gegen das Licht. Nein, ihr gehört es nicht. Und sie ist mit ihrem Mann auch nicht im Spessart gewesen. Er hat auf seiner letzten Kundenreise dort übernachtet. Aber wieso mit „Gattin"?

Walter, Vertreter mehrerer süddeutscher Schmuckhersteller, druckst zunächst verlegen und umständlich herum, als seine Frau ihn am Wochenende – er ist in letzter Zeit meist nur an den Wochenenden daheim – zur Rede stellt. Schließlich gibt er zu: „Ja, ich war in dem Hotel nicht allein, sondern in Begleitung einer Dame." Er macht auch kein Hehl daraus, um wen es sich dabei handelt: Um die fünfzehn Jahre jüngere Ursula, neu im Verkäuferteam eines der Unternehmen, für das

Walter tätig ist. Der Chef hatte die neue Mitarbeiterin für eine Einarbeitungszeit von zwei Wochen seinem erfahrensten Außendienstmann zu geteilt.
Zunächst bestand außer der beruflichen Zusammenarbeit keinerlei Kontakt zwischen ihr und Walter. Bis man sich eines Abends – nach einem erfolgreichen Verkaufsabschluß – bei einem Glas Wein näherkam. Ursula, nach kurzer unglücklicher Ehe wieder alleinstehend, vertraute dem älteren Kollegen ihre Scheidungssorgen an. Und Walter wurde bei diesem Gespräch wieder einmal bewußt, daß er sich in seiner Ehe nicht mehr recht wohl fühlte, seitdem seine Frau sich für die Angelegenheiten des Sohnes und der beiden Enkelkinder mehr interessierte als für seine beruflichen und persönlichen Belange. Um so wohler taten ihm die Aufmerksamkeit und vertrauensvolle Zuwendung der jungen, attraktiven Kollegin, die in ihm nicht nur den tüchtigen Kollegen, sondern ebenso den lebenserfahrenen Mann bewunderte. Auch nachdem sie dann in einem eigenen Bezirk selbständig arbeitete, fanden die beiden immer wieder Gelegenheit, sich zu treffen und ein paar Stunden oder einen Tag – bisweilen auch eine Nacht – miteinander zu verbringen.
Renate ist schockiert und tief verletzt. Knapp drei Wochen zuvor hatten sie ihre Silberhochzeit gefeiert und auf ihre gegenseitige Treue angestoßen. Und nun dies! Sie kann ihre innere Erregung kaum beherrschen. „Wie habe ich dir immer vertraut! Wer weiß, wie oft du

mich schon betrogen hast!" stößt sie verzweifelt hervor. „Wie kannst du mir nur so etwas antun?" Walter haßt Szenen und dramatische Auftritte. „So beruhige dich doch! Es wird ja nicht wieder passieren. Etwas Ernstes war es sowieso nicht. Das ergab sich eben mal so ...", versucht er seine Frau zu beschwichtigen. Er will sie versöhnlich an sich ziehen, aber sie wehrt seine ausgestreckte Hand heftig ab. „Rühr mich nicht an! Nach dem, was passiert ist, kann ich das am allerwenigsten vertragen! Niemals komme ich darüber hinweg!"
Dieses und auch die nächsten Wochenenden, an denen Walter zu Hause ist, verstreichen in bedrückender und quälender Stimmung. Er bemüht sich sehr, seine Frau auf andere Gedanken zu bringen, überrascht sie mit Blumen und kleinen Geschenken. Aber Renate findet ihr Gleichgewicht nicht wieder. Sie läuft mit verweinten Augen und vorwurfsvollem Blick herum und redet nur das Nötigste mit ihrem Mann. Der versucht wiederholt, ein Gespräch in Gang zu bringen. Aber sie schneidet ihm jedesmal das Wort ab. „Wie du mich enttäuschst. Nun ist alles aus zwischen uns. Nie kann es wieder so werden, wie es einmal war." – „Aber warum denn nicht? Es tut mir ja leid", wiederholt Walter reumütig. Doch Renate verzieht nur höhnisch den Mund. Da gibt ihr Mann auf und schweigt.
Montag morgens verläßt Walter nun meist ohne Abschied das Haus. Hinter der Gardine stehend blickt Renate seinem Wagen vom Flurfenster aus nach, bis

er an der Kreuzung im Verkehr untertaucht. Das Haus, das sie mit soviel Sorgfalt gebaut und gemeinsam eingerichtet haben, ist gerade abbezahlt. Im Sommer wollten sie nach vielen Jahren erstmals wieder eine längere Ferienreise machen. In der Vitrine stapeln sich bereits die Reisebroschüren. Aber Renate kann sich an nichts mehr freuen. Vielleicht sind sie im Sommer schon geschieden. Aus den Berichten über das neue Scheidungsrecht ist ihr bekannt, daß Ehebruch nicht mehr unbedingt als Scheidungsgrund angesehen wird. Aber muß eine Ehe nicht daran zerbrechen? Renate kommt über das Geschehene nicht hinweg. Beinahe zwanghaft stellt sie sich immer wieder vor, was passiert ist, und wie ihr Mann das mit einer anderen Frau geteilt hat – und vielleicht noch immer teilt –, was nur ihr zukommt. Sie fühlt sich nicht nur in ihrer Ehre, sondern auch in ihrem Selbstwert gemindert und herabgesetzt. Andererseits gesteht sie sich ein: Ein Leben ohne Walter ist für sie unvorstellbar. Fünfundzwanzig gemeinsame und teilweise schwere Jahre lassen sich nicht so einfach abtun und auslöschen.

Dieser Fall enthält eine Reihe typischer Bedingungen: eine lange Geschichte der Liebe, aber auch der Gewöhnung aneinander; die Auffrischung und lockende Abwechslung in Gestalt einer Dritten, Jüngeren; die gegenseitigen Verletzungen, Vorwürfe und Verteidigungsversuche; die Abweisung und qualvolle Trennung; das schmerzvolle Spüren der langen und tiefreichenden Bindung, die nicht so einfach beiseite gewischt werden kann.

Ist die Eifersucht in unserem Beispiel grundlos oder unnatürlich? Hätte sich Renate lächelnd und großzügig damit abfinden sollen, daß eine andere neben sie, an ihre Stelle oder gar vor sie rückt? Wäre das nicht reichlich viel verlangt, und würde eine solche Erwartung nicht den Druck einer neuen moralischen – wenn auch nur gegen die herkömmliche Moral gerichteten – Forderung erzeugen und damit Schuldgefühle und Gewissensbisse, wenn es nicht gelingt, dieser Erwartung gerecht zu werden? In der Tat übt die Antimoral nicht minderen Druck aus als die Moral und zeitigt ähnlich paradoxe Wirkungen wie der Befehl „Sei spontan!" oder „Wirst du wohl keine Angst haben!" oder „Du mußt dich freiwillig entscheiden!" Das Gebot der Normfreiheit übt normativen Druck aus wie jede andere Norm, und die Disqualifizierung der Eifersucht oder schon kleiner eifersüchtiger Regungen, die der Liberalität und Modernität offener Gefühle und Beziehungen widersprechen, führt zu den gleichen schuldbewußten Lähmungen wie die genannten Impulse.

Eifersucht ist nun einmal Renates erste und spontane Regung, die ja nur einen komplexen Sammelbegriff bildet für ein unentwirrbares Gemisch aus Schmerz, Enttäuschung, Ehrverletzung, Verlustangst, Wut, Abwehr und Rachebedürfnis. Treten derartige Emp-

findungen auch nicht andeutungsweise auf, so hätten wir mit Recht den Verdacht, Renate wäre an ihrem Mann und dem gemeinsamen Glück nicht wirklich interessiert. Vielleicht hätte sie insgeheim selbst einen anderen Wunschpartner und nun Gelegenheit, ihren bisher verdrängten Wünschen ohne Skrupel zu folgen. Vielleicht fühlte sie sich auch durch die andere Frau entlastet, da sie seine Liebeserwartung uneingestanden die ganze Zeit überforderte. Dies nämlich sind die wirklichen Gründe, wenn Eifersucht in entsprechenden Dreieckssituationen ausnahmsweise einmal ausbleibt. Eifersucht ist ein echtes Gefühl, während Teilnahmslosigkeit, die als Großzügigkeit einhergeht, oder Desinteresse, das sich als Toleranz aufputzt, nur Fassaden aufbaut und falsche Gefühle vortäuscht.
Muß dieses Gefühl, auch wenn sich Rachelust beimischt, schon gleichgesetzt werden mit dem rasenden Wüten, aus dem heraus Odysseus die Freier um Penelope vernichtet oder Herodes seine Mariamne mit ins Grab nehmen möchte oder der Mohr Othello in wahnhafter Blindheit seine Desdemona umbringt? Dies trifft ebensowenig zu, wie Selbstwertgefühl mit Überheblichkeit, Lebensfreude mit Genußsucht oder Selbstliebe mit Egoismus gleichgesetzt werden darf. Hier zeigt sich, daß der Name Eifersucht sehr Extremes umspannt und – weil er einen negativen Klang hat – den positiven Kern überschattet.
Nun soll aus einer Not keine Tugend und aus einem

Gefühl mit überwiegend negativen Folgen und unangenehmen Empfindungen kein Ideal gemacht werden. Es geht nur um die realistische Anerkennung von etwas Menschlichem, also zunächst weder um etwas Übermenschliches noch etwas Unmenschliches.
Eifersucht stellt sicher einen Zustand dar, den niemand sich wünscht. Im Gegenteil, man wünscht sich Wege, davon frei zu werden und ihn wirksam zu überwinden. Überwinden kann ich aber erst, was ich anerkenne. Und auch das Erkennen scheint an diese Vorbedingung geknüpft zu sein: Abgelehntes und Verhaßtes tun sich uns nie wirklich auf. Wir sehen es nur verzerrt und entstellt. Für den, der Menschen verstehen und Menschliches ergründen möchte, ist die Verzerrung, die ideologischem Wunschdenken oder Wegwünschen entspringt, unannehmbar. Eifersucht ist eine der bestimmendsten Realitäten in den zwischenmenschlichen Beziehungen, solange es Menschen gibt. Nicht nur die Literatur, sondern vor allem das Leben selbst quillt davon über. Dieses Leben gilt es klar zu sehen, richtig zu beschreiben und zutreffend zu deuten, um es schließlich hilfreich beeinflussen und fördern zu können. Das erste uneingestandene Ziel der Eifersucht ist ja nicht, zu verletzen und zu zerstören, sondern gefährdete oder verlorene Liebe wiederzufinden und notfalls wiederzuerkämpfen. Darin liegt ihre Größe – wie in der mangelnden Eignung der Mittel ihre Tragik.

Die Wurzel aller Eifersucht

Eifersucht ist zwar keine menschliche Grundeigenschaft, aber ein starkes Gefühl, das in bestimmten Situationen aus unterschiedlichen Gründen entstehen kann. Es tritt immer dann ein, wenn die ursprüngliche Dyade, also eine enge Zweierbeziehung, durch den Einfluß eines Dritten gefährdet wird. Derartige Situationen sind vielfältig, und von ihrer Vielfalt wird noch im einzelnen zu reden sein. Hier geht es darum, ihren gemeinsamen und vielleicht einzigen Ursprung aufzuweisen, der sie alle begründet und aus dem wir alle anscheinend nie ganz entlassen werden. Seit Freud wissen wir, wie wichtig die früheste Kindheitsphase für unsere Entwicklung ist. Wir haben erkannt, daß die Grundmuster der ersten Beziehung alle weiteren durchwirken und uns bis an unser Lebensende begleiten.

Wir sprechen zwar unbestimmt und reichlich oberflächlich von menschlichen Beziehungen, so als ob sie alle gleichwertig und gleich wichtig wären. Die Zweierbeziehung hat jedoch für unser Leben eine schlechthin ausschlaggebende, lebensentscheidende, ja lebensbewirkende Bedeutung. Sie ragt aus allen anderen Beziehungen weit heraus und genießt einen anthropologischen Vorrang, der alle anderen Beziehungsformen ihr gegenüber in den Schatten stellt.

Vater und Mutter waren zwei und bildeten darin eine Einheit als Paar, eine „Zweieinheit" also. Indem sie diese Einheit verwirklichten, entstand unser Leben, und zwar primär in Form einer neuen „Zweieinheit", nämlich der engen Symbiose von Mutter und Kind, der gegenüber die „Dreieinheit" Familie wiederum als soziologische Gruppe gegenüber der biologischen Einheit zurücktritt. Nicht nur neun Monate lang bestimmte unbestreitbar die „Zweieinheit" unsere früheste Lebensentwicklung, sondern noch weit darüber hinaus in der wichtigsten Prägephase der frühen Kindheit, in der nun einmal die engere Einheit diejenige zwischen dem Kind und der Mutter ist, zumal wenn sie stillt. Es erfährt in der ersten Zeit seines Lebens in einer nie wieder erreichten Elementarität seine Abhängigkeit von der symbiotischen Einheit mit der nährenden, liebenden, lächelnden, sprechenden, streichelnden, pflegenden, tragenden, hebenden und zunächst alles bedeutenden Mutter. Sie bedeutet Leben und Liebe, Kontakt und Erwiderung, Anregung und Sättigung – ein und alles. Und dennoch gehört sie nach der Geburt nicht mehr untrennbar zu einem selbst. Reifemäßig ist die Trennung beim Säugling zwar noch nicht vollzogen, aber räumlich wird sie spürbar, jedesmal, wenn die Mutter das Kind ablegt oder in die Hände eines anderen, etwa des Vaters gibt, der nun sowohl Teil einer begründeten „Zweieinheit" wie der erste Exponent einer „Dreieinheit" und damit auch schon erste magische Dreiecksfigur ist. Das Kind erlebt Einheit, Dichte und symbiotische Enge auf der einen und Trennbarkeit,

Alleinsein, Trennung, Angst, Einsamkeit, Sehnsucht und Eifersucht in ihrer elementarsten, andeutungshaftesten, unbestimmtesten Form.

Natürlich erinnern wir uns an diese Situation und die damit verbundenen Empfindungen und Gefühle nicht mehr unmittelbar. Wir können sie nur rekonstruieren – oder nacherleben. Adalbert Schmidt hat dies unter dem Titel „Eine tödliche Krankheit?" sehr eindringlich aus eigenem Erleben so geschildert: „Meine Ehe war längst geschieden; ich war in eine neue Frau verliebt, als diese plötzlich zu einem anderen zog und sich von mir abwandte. Diesmal zog ich nicht gleich los, zur Ablenkung ein neues Abenteuer zu suchen, sondern ich blieb zu Hause, trank keinen Alkohol und ließ die Gefühle kommen. Ich fühlte mich immer erbärmlicher, konnte nichts mehr essen und nicht mehr schlafen. Ich spürte immer mehr ein flaues Gefühl im Bauch. Ich fühlte mich schwächer und schwächer. Am Abend saß ich schließlich allein in meiner Wohnung. Tränen stiegen mir in die Augen, sie wurden immer stärker. Das Weinen schlug um in Schluchzen. Ich ließ es einfach laufen. Mir war alles egal. Ich fing an zu flehen, zu jammern, zu schreien, ohne daß ich noch viel kontrollieren konnte, schrie ich plötzlich: ‚Mama!' Ich war sofort still und hielt die Luft an. Ziemlich außer Fassung starrte ich vor mich hin. Noch ohne praktische Erfahrung in der Psychoanalyse wurde mir bewußt, daß ich emotional auf eine wichtige Wurzel meiner Eifer-

sucht gestoßen war." – Genauso ist es. Hier wird der weite Bogen gelebter Zeit seit der Kindheit übersprungen, und plötzlich ist sie wieder ganz gegenwärtig. In Krisensituationen neigen wir ohnehin dazu, regressiv in Reaktions- und Verhaltensformen früher Kindheit zurückzufallen; weinen, schreien, Haare raufen, zu Boden werfen, angreifen oder verzweifeln ... In der ohnmächtigen Situation des Verlassenwerdens lebt die frühkindliche Ohnmacht der gleichen Situation wieder auf, zumal sie ja eine Ausnahmesituation ist und zum Glück nicht in allen Phasen unserer Entwicklung erfahren wird. Darum gelingt auch die Meisterung und Beherrschung so schwer: Ein Umgang zu dritt ist uns vertraut und wird oft geübt. Das Teilen mit einem Dritten oder gar das Abgeben des geliebten Partners an ihn bleibt eine extreme Ausnahme und wird darum nicht trainiert, wird auch kaum trainierbar sein, und es ist auch die Frage, ob das wünschenswert wäre. Mit Recht weist Adalbert Schmidt darauf hin, daß Kleinkinder noch keine Vorstellung von Zeit und Raum haben. „Wenn die Eltern das Kind verlassen, und wenn es nur bis ins eigene Schlafzimmer ist, so stellt dies für das Kind oft eine fürchterliche Lebensbedrohung dar. Es schreit entsprechend und wehrt sich damit auf seine einzig mögliche Art, denn es ist von den Eltern existentiell abhängig."
Der Hinweis auf das andere – in diesem Fall das elterliche – Schlafzimmer nimmt schon den befürchteten

Gang des geliebten späteren Partners in das andere Schlafzimmer vorweg. Aus der Perspektive des Kindes jedenfalls wird die enge und lebenswichtige Einheit auf unabsehbare – und weil Dauer für das Kind noch kein erlebter Begriff ist – als im alles bedeutenden Augenblick erlebte Zeit vollzogen. Vom Schwertschlag dieser Trennung getroffen, schreit es so heftig es kann und droht zu verzweifeln, wenn dieses Schreien nicht zur Wiedergewinnung der ersehnten und verlorenen Einheit führt. Tröstend auf den Arm genommen, stellt sich in ihm das jedes andere übertreffende Glück der „Zweieinheit" wieder her. Diese anderen Glücksmomente – zum Beispiel essen, trinken, Wärme spüren, gestreichelt, gekitzelt werden, Erwiderung in Blick und Laut – sie alle hängen mit dieser Zweieinheit eng zusammen und werden durch sie gestiftet.

Auch bei jedem späteren Glücksmoment – Entdecken der Freundschaft schon im Kindergartenalter, erst recht erfüllte Sehnsucht einer Schul- und Jugendliebe, dann große Liebe und schließlich die Paarbildung auf Zeit und fürs Leben – kommt das Glücksgefühl, verbunden mit den Nähewünschen und dem Drang nach Ausschließlichkeit aus der Urdyade wieder zum Durchbruch. Keine Jungenhorde, keine Mädchenclique, keine Klassen- oder Gruppengemeinschaft, keine Bande und kein Verband erreichen die Zweierbeziehung an Intensität und Besetztheit mit Sehnsuchts- und Glücksgefühlen – wenn eine „Einheit der Zwei" erreicht wird. Auch alle anderen Bindungen, deren nächste die „Dreieinheit" von Vater, Mutter und Kind ist, fordern ihr Recht und haben ihre Existenzberechtigung. Aber „Dreieinheit" existiert eben nicht immer harmonisch vereinbar mit der Ureinheit von zweien. Sie tritt in Rivalität, bringt in die Ausgangsbeziehung eine neue Spannung, aber auch die Möglichkeit des Fortschritts – gemäß dem Hegelschen Dreisatz, in der als Drittes aus der These und der Antithese folgend die Synthese eine neue Ebene erreicht und so einen Fortschritt darstellt. Das nur sich widerspiegelnde Paar wäre zur Stagnation und zur endlichen Erschöpfung und Auflösung prädestiniert. Wenn es weitergehen soll, muß ein Drittes dazukommen, ein fruchtbarer, dialektischer Prozeß, der seinen biologischen Ausdruck im Kind findet, das als Drittes zum Paar hinzukommt, nachdem es lange genug seine „Zweieinheit" im wahrsten Sinne ausgelebt hat. Mit gleichsam magischer Kraft verändert das Dritte die Beziehung, hebt sie auf – ebenfalls im Hegelschen Sinne – indem sie sie zugleich bewahrt, beseitigt und auf eine neue Ebene stellt. Immer aber ist Spannung und Konflikt – zum Beispiel der ödipale Konflikt – damit verbunden, der nun auch die Geburtsstunde der Eifersucht beinhaltet. Das Nichtfertigwerden mit der neuen Situation schafft Gefühlsverwirrung, Ängste und Abwehr der veränderten Situation, die sich wohl nie als ganz harmonisch und reibungslos erweist und deren verändernde Kraft nie sofort als Verbesserung erlebt wird. Dazu ist die Umwälzung zu groß.

Dies gilt ebenso oder um so mehr für alle abgeleiteten Beziehungen, zum Beispiel, wenn in die Kinderfreundschaft ein Drittes bricht und das eine für sich in Anspruch nimmt, mit ihm eine „Zweieinheit" zu bilden. Denn die „Dreieinheit" – darauf hat Georg Simmel schon um die Jahrhundertwende in seiner „Soziologie" hingewiesen – ist nie sozusagen gleichseitig wie das entsprechende Dreieck. In jeder Dreierbeziehung besteht die Tendenz: Zwei gegen einen oder einer gegen zwei, zwei ohne einen, wenn auch mitunter mit wechselnden Konfigurationen. Jeder, der einmal eine Gruppenfahrt zu dritt unternommen hat, weiß, daß es nicht nur das sprichwörtliche fünfte Rad am Wagen gibt, sondern eben auch das dritte. Der „Dritte im Bunde" ist auch bei Schiller ein frommer Wunsch – „Ich sei, gewährt mir die Bitte ..." Den Bund zu dritt gibt es in vollendeter Form im Leben eben nicht. Auch in der Phantasie sogenannter aufgeschlossener und toleranter Paare – oder meist nur in der des einen Partners – spielt der Bund zu dritt eine Rolle – aber eben auch nur als gelegentlicher Wunschtraum, der, wenn er versuchsweise in die Wirklichkeit umgesetzt wird, zu katastrophalen und schmerzhaften Reibungsprozessen führen muß und regelmäßig führt. Sicher gibt es Arrangements, in denen jemand – wenn auch nur zähneknirschend – einräumt, daß er dem anderen nicht alles sein; dieser also auf einer Ergänzung bestehen kann. Der alternde Ehemann mit seiner jungen Frau, der ihr den Liebhaber konzediert, oder der Geschäftsmann, der keine Zeit hat und den Nachhilfelehrer als Hausfreund und Gesprächspartner der Gattin akzeptiert, oder umgekehrt die resignierend-einsichtige Frau, die ihm die versierte Sekretärin als Arbeitskameradin oder mehr gestattet – dies alles sind Konstellationen, die das Leben täglich bildet. Gesellschaftlich spielen sie sich sogar scheinbar reibungslos ein. Dabei verbannen sie nur mühsam die ebenso lautlosen Gefühlstragödien hinter die Kulissen, die sich im Innern der Betroffenen – und zwar eben der jeweils Dritten, abspielen. Daß jemand von einer solchen Dreierkonfiguration begeistert wäre – und zwar alle drei gleichzeitig, der eine wie der andere – habe ich noch nie feststellen können – weder im eigenen engeren Erfahrungskreis noch in den Hunderten von Praxisfällen oder den Tausenden von Briefen, die ich allein in den letzten Jahren erhalten habe und in denen das Thema Eifersucht eine bedeutende, wenn nicht sogar vorrangige Rolle spielt.

Vielleicht ist es an der Zeit, aus dieser erlebten und gelegentlich erdrückenden Lebensfülle nun einige Ausschnitte und Perspektiven, Stationen und Situationen wiederzugeben, um einen willkürlichen, aber keineswegs untypischen Querschnitt aus Beziehungsmustern vorzustellen und damit das gedanklich fürs erste hinreichend Dargelegte durch Beispiele zu veranschaulichen.

Mit Eifersucht leben – aber wie?

Noch einmal gilt es, die illusionslose Feststellung zu treffen, daß es Eifersucht geben wird, solange es Menschen gibt. Sie bildet einen natürlichen Schutz gegen Liebesverlust. Und soweit sie nicht krankhafte und aggressive Formen annimmt, wird nichts anderes übrigbleiben, als mit ihr auszukommen – das allerdings erfordert im einzelnen Konsequenzen. Von ihnen soll in diesem Kapitel die Rede sein:
„Wann tanzt du denn endlich mit mir?" – Angela fragt das in jenem vorwurfsvollen Tonfall, über den ihr Mann sich jedesmal aufs neue ärgert.
Angela trägt ein dunkelblaues, enganliegendes reinseidenes Abendkleid. Sie ist 31 Jahre jung, blond, schlank und apart.
Widerwillig führt Thomas sie zur Tanzfläche. „Wie ich diese Betriebsfeste hasse!" murmelt er.
„Du brauchst die Einladungen ja nicht anzunehmen", sagt Angela schnippisch.
„Du weißt ganz genau, daß ich mich bei solchen Anlässen nicht ausschließen kann; also unterlaß bitte deine dummen Bemerkungen", erwidert Thomas gereizt.
Jedesmal, wenn das Ehepaar zusammen ausgeht,

kommt nach kürzester Zeit diese ungute Stimmung auf. Angela ist ständig der Meinung, daß ihr Mann sich nicht genügend um sie kümmert, sich vor aller Augen nicht eindeutig genug zu ihr bekennt. Dann ist sie immer beleidigt. Angela ist stolz auf ihren gutaussehenden und erfolgreichen Mann. In der Öffentlichkeit möchte sie demonstrieren, daß sie die glückliche Frau dieses Mannes ist, daß Thomas ihr gehört und sie liebt – sie allein. Alle Leute sollen das sehen.

Thomas ist 33 Jahre alt und arbeitet als selbständiger Steuerbevollmächtigter für zahlreiche kleinere und mittlere Unternehmen. Er macht sich im Grunde nichts aus Geselligkeiten, fühlt sich mit Rücksicht auf die geschäftlichen Beziehungen jedoch verpflichtet, solchen Einladungen zu folgen.

„Wie findest du mein neues Abendkleid?" Angela bemüht sich um ein Lächeln. „Ich glaube, du hast es noch gar nicht bemerkt."

Aber Thomas hört in diesem Augenblick nur auf die Klänge des langsamen Walzers und blickt mürrisch an ihr vorbei. Als Angela seinem Blick folgt, sieht sie genau in die Augen jener Frau, der Witwe eines früheren Geschäftsführers, mit der Thomas ihrer Meinung nach an diesem Abend schon heftig geflirtet hat.

Angela droht die Beherrschung zu verlieren. „Wenn du dich auch nur eine Minute lang weiter um diese Frau kümmerst, mache ich dir vor aller Augen eine Szene", zischt sie.

„Das würde mich meinen Kunden kosten; allein deshalb würdest du so etwas nie tun", entgegnet Thomas, erstaunt über die Gehässigkeit in ihrer Stimme.
„Und ob ich das würde!" Angela zittert vor Wut. „Du wirst dich noch wundern, wozu ich fähig bin!"
In dieser sechsjährigen Ehe kriselt es seit langem. Den Anlaß zu Streit, Unstimmigkeiten und gegenseitigem Sichausschweigen liefern immer wieder Angelas unkontrollierte Anfälle von unbegründeter Eifersucht. Seit jenem Betriebsfest, auf dem Angela so ausfallend wurde, ist Thomas besonders mißtrauisch, und seine Frau ist es erst recht: Sie will nun stets genau wissen, wann er wo zu erreichen ist; mehrmals täglich ruft sie an seinem jeweiligen Arbeitsplatz an, um seine Angaben nachzuprüfen.
„Du fällst mir mit deiner Spioniererei nicht nur auf die Nerven", schimpft Thomas, „du machst mich auch vor meinen Mitarbeitern und Geschäftspartnern lächerlich. Und das ist für mich das schlimmere Übel."
Innerlich ist Thomas dabei, sich von seiner Frau zu distanzieren. Manchmal verachtet er sie geradezu. Häufig tut es ihm weh, mitanzusehen, wie diese Frau, die er einmal sehr geliebt hat, sich zusehends zum Spott der Gesellschaft macht.
Im Grunde sieht Angela das auch ein. Flüchtige Versöhnungen finden bisweilen statt.
Als der Sohn Michael geboren wird, ist ihre Aufmerksamkeit von Thomas abgelenkt. Aber nur vorüber-

gehend. Sobald er einmal unpünktlich nach Hause kommt, überfällt sie ihn mit phantasiereichen Verdächtigungen. Sie ist ständig auf der Suche nach Beweisen für seine Untreue und fürchtet doch gleichzeitig, einen solchen Beweis zu finden. Denn dann müßte sie ja die Entscheidung treffen und wahr machen, was sie ihm tagtäglich androht: „Wenn ich dahinterkomme, daß du mich betrügst, verlasse ich dich auf der Stelle!"

Wenn der gemeinsame Sohn nicht wäre, hätte Thomas diese Konsequenz seinerseits längst gezogen. Aber er hängt an ihm, ja, er liebt ihn abgöttisch. Und Michael liebt nicht nur ihn, sondern ebenso die Mutter. Eine Trennung der Eltern glaubt Thomas ihm, zumindest in diesem frühen Alter, nicht zumuten zu können.

So versucht er die dauernden Vorwürfe und Anschuldigungen, die Verdächtigungen und Szenen zu überhören, sich ein dickes Fell anzuschaffen. Hin und wieder platzt ihm jedoch der Kragen, und er schreit seine Frau an: „Hör doch endlich auf mit deiner grundlosen Eifersucht! Du bist ja nicht mehr normal!"

Frühkindliche Enttäuschungserlebnisse bilden zumeist die Wurzel mangelnden Selbstvertrauens und heftiger Eifersucht – vor allem, wenn sie später krankhafte Formen annimmt.

Angela sollte bei ihrer Geburt „eigentlich ein Junge werden". Die Eltern, vor allem aber der Vater und der Großvater, ließen sie bei mancher Gelegenheit ihre Enttäuschung darüber spüren, daß sie „nur ein

Mädchen" war. Minderwertigkeitsgefühle regten sich in ihr. Seit frühester Kindheit wurde sie in der Vorstellung erzogen, als Mädchen einem Mann ohnehin unterlegen zu sein.

Später wäre Angela gerne Krankenschwester geworden. Doch den Eltern dauerte die Ausbildung zu lange. Auf Wunsch der Mutter begann sie eine Lehre in einem Friseursalon, brach aber vorzeitig ab, nachdem sie Thomas kennengelernt hatte und die Heirat beschlossene Sache war. „Du heiratest ja nun doch bald, und Thomas wird dann schon für das Nötige sorgen", sagte damals die Mutter. Später bereute Angela ihren Entschluß, brachte aber nicht die Energie auf, die einmal abgebrochene Lehre zu beenden.

Während sie sich auf Haus, Garten und Kind konzentrierte, kam Thomas beruflich glänzend voran, zunächst als Steuerberater, später als Steuerbevollmächtigter mit eigenem Büro und vier Angestellten.

Wenn er von seinen Erfolgen berichtete, freute Angela sich natürlich mit ihm. Aber gleichzeitig erwachte so etwas wie Neid in ihr, und es grämte sie, daß sie – abgesehen von der tadellosen Haushaltsführung und dem wohlerzogenen Sohn – eigene Erfolge nicht nachweisen konnte. Im stillen litt sie unter ihrem „Nur-Hausfrauen-Dasein", kam sich minderwertig und „in die Ecke gestellt" vor.

Angela hat Angst, ihren Mann, der soviel mehr Menschen kennenlernt als sie, soviel mehr herumkommt

als sie, soviel mehr kann und weiß als sie, eines Tages zu verlieren. Sie hat Angst, ihm eines Tages nicht mehr zu genügen, nicht mehr mit ihm mithalten zu können. Diese Angst treibt sie dazu, ihn verzweifelt und mit aller Kraft an sich zu binden. Quälende Gefühlsschwankungen, die von depressiver Mutlosigkeit bis zu leidenschaftlichem, haßsprühendem Kampf reichen können, werden durch diese Angst ausgelöst. Eine Mischung aus verletztem Ehrgefühl, ohnmächtiger Wut, versteckter Liebe und hilfloser Furcht vor dem, was werden soll, überfällt den Eifersüchtigen, wenn er befürchtet, verlassen zu werden.
Die verzweifelten Äußerungen der Eifersucht – wie Thomas sie in seiner Ehe fast täglich über sich ergehen lassen muß – sind aber auch so etwas wie mißglückte Werbemittel zur Rückgewinnung des Partners. Wenn Angela zornbebend droht: „Ich halte dieses Leben nicht mehr aus. Ich verlasse dich!" dann will sie damit im Grunde nichts anderes erreichen, als daß Thomas sie in die Arme nimmt und ihr erklärt, daß er ohne sie nicht leben kann.
Aber Thomas sieht nur ihr wutverzerrtes Gesicht und ihren giftigen Blick. Er reagiert nicht in der ersehnten Weise, sondern entgegnet uninteressiert und gelangweilt: „Laß mich doch endlich in Ruhe!"
So führt Angelas Verhalten dazu, daß ihr Mann immer mehr abstumpft und schließlich kaum noch zuhört, wenn sie mit ihm spricht. Anderen Frauen gegenüber

zeigt er sich allerdings bald um so aufgeschlossener. Wie in vielen Fällen führt auch hier die zunächst unbegründete Eifersucht der Ehefrau dazu, daß sie – sobald sich dem Mann eine passende Gelegenheit bietet – zu einer begründeten wird.

Diese Gelegenheit ergibt sich für Thomas, als die alleinstehende Unternehmerin Gisela sich von ihm in Steuerfragen beraten läßt. Als Angela ihm wieder einmal eine Szene macht, platzt Thomas nicht ohne Schadenfreude heraus: „Endlich hast du Grund zur Eifersucht! Ja, ich habe eine Freundin!"

Angela ist so geschockt, daß es ihr die Sprache verschlägt. Die Nacht verbringt sie schlaflos im Gästezimmer. Beim Frühstück versucht sie, ein Gespräch in Gang zu bringen. Aber Thomas ist verstockt und schweigt sich aus. Wie alle Eifersüchtigen ist Angela jetzt zu allem fähig. Vor allem aber kann sie sich nicht entscheiden, was sie eigentlich will: lieben oder hassen, dem eigenen Stolz recht geben und sich zurückziehen oder um ihren Mann kämpfen, die Konkurrenz dulden und sich an sie gewöhnen oder sie auf irgendeine Weise ausschalten. Heute fleht sie Thomas an, die andere Frau aufzugeben, morgen überschüttet sie ihn mit Beleidigungen. An einem Tag gibt sie sich schwach und hilflos, am nächsten Tag droht sie ihm an, ihn vor Freunden und Geschäftspartnern „unmöglich" zu machen.

Auf Umwegen findet Angela heraus, wer die andere

Frau ist. Sie glaubt, besonders klug zu handeln, als sie zu ihr geht und sie bittet, ihren Mann nicht wiederzusehen. Aber die andere lächelt nur mitleidig und fertigt Angela an der Tür ab. Nun ist Angela erst recht am Ende, und sie leidet Höllenqualen.

Aber so unglaubwürdig dies klingt: Wenn eine Ehe an diesem Punkt angelangt ist, läßt sich am meisten gegen die Eifersucht tun und die Ehe noch retten.

Wie ist ein Neuanfang in einer solchen Situation möglich? Die Betroffenen müssen dazu einiges wissen, was sicher nicht gleich hilft und das Problem löst, aber was doch erleichtern kann und die Probleme in den angemessenen Rahmen rückt:

– Die meisten Ehen erleben eine ähnliche Situation, nämlich die Enttäuschung durch einen Seitensprung, irgendwann einmal. Man weiß, daß mehr als die Hälfte der Männer und etwa ein Drittel der Frauen einmal oder mehrmals fremdgehen. Das soll nichts entschuldigen, kann aber entschärfen.

– Die meisten dieser Partner wollen ihre Ehe nicht aufs Spiel setzen, sondern sind sich nachher und nach der durch den Seitensprung fast unvermeidlich ausgelösten Krise des Wertes ihrer Ehe um so bewußter. So paradox das klingt: Die Ehe kann sogar daran gewinnen, wenn beide sich vernünftig verhalten.

– Ein Seitensprung, also die vereinzelte sexuelle Untreue, ist bei weitem nicht die einzige und vielleicht nicht einmal die schlimmste Form der Untreue. Wer sich unter Vernachlässigung des Partners seinem Beruf oder einem Hobby hingibt, wer ganz für seine Kinder lebt und sie dem Partner vorzieht, wer mit seinem Verein oder seiner Partei verheiratet ist, bricht die Ehe genauso und gefährdet sie auf die Dauer sogar mehr.

– Jedes Glück verliert seine Unschuld. Es gibt keine Garantie bis ins hohe Rentenalter auf den Schmelz der ersten Jugend und der ersten Liebe. Irgendwann werden auch andere Partner interessant, weil ein Mensch uns nicht alles bedeuten kann.

– Wie man bei einer kostbaren Porzellankanne damit rechnen muß, daß sie einem einmal aus den Händen gleitet, so ist es auch in einer Beziehung: Wir müssen froh sein, wenn sie nicht gleich völlig zerbricht, sondern nur einen Sprung an der Seite davonträgt. Natürlich können wir sie nun ganz hinwerfen. Wir können sie aber auch behutsam pflegen, weil sie uns in ihrer Empfindlichkeit noch kostbarer geworden ist.

– Das Hinwerfen, das schließliche Wegwerfen zeugen von Trotz und Unreife. Erwachsener und vernünftiger wäre ein neues Bemühen um Behutsamkeit, Einfühlung, ja neue Eroberung des Partners.

So gesehen, muß ein Seitensprung nicht das Ende der Ehe, sondern kann sogar der Beginn einer neuen, langen, glücklichen Phase der Beziehung sein. Zwar ist dem Sonnenschein dieses Glücks ein leichter Schatten zugefügt, wie auch die Sonne im September anders scheint als im Juli. Aber geht nicht irgendein Riß durch unser ganzes Leben, der uns an die Unvollkommenheit und Vergänglichkeit alles Irdischen erinnert? Und wird nicht jeder irgendwann und irgendwie schuldig und ist auf Verzeihung angewiesen? Keine Beziehung kommt ohne sie aus. Nachtragender Stolz ist tödlich – nachgebende Verzeihung weckt neues Leben und neue Liebe.

Angela und Thomas brauchen einige Zeit, um die erschütterte Beziehung „klarzukriegen" und mit den neuen Tatsachen leben zu lernen. Nichts ist mehr ganz so, wie es war, aber im Grunde weiß jeder, daß er den anderen braucht und nur ihn möchte. Wenn dieses Wissen vorherrscht, braucht ein Seitensprung nicht das Ende der Ehe zu sein. Auch bei den beiden dämmerte schließlich die Erkenntnis, daß der schwerwiegende Zwischenfall auch eine Chance sein könnte, sich wieder neu zu finden. Jede Lage, in der man sein eigenes Scheitern und Versagen erfährt, birgt eher als die Erfolgsgewohnheit die Chance in sich, neu anzufangen. Läßt nicht auch der Tod eines Menschen uns erst ganz erkennen, was er uns wert war? Ein wenig davon liegt auch in jedem Scheitern und jeder Verzweiflung. Da hilft es nichts, sich zum Ankläger oder gar zum Richter zu machen. Wer dies hartnäckig tut, bricht die Ehe noch folgenreicher. Er zerstört nachhaltig diese Gemeinschaft auf Gedeih und Verderb, in Freud und Leid, die die Ehe sein soll und sein kann, wenn beide jedes, aber auch jedes Tief mit dem anderen zusammen durchstehen. Wer sich hier für besser hält als den anderen, zerstört die Schicksalseinheit, bricht die Ehe. Er verhält sich kurzsichtig, weil er seinen eigenen Anteil nicht erkennt. Er verbaut sich langfristig die Chance, die in der enttäuschten Sehnsucht nach dem Glück enthalten ist: Jeder braucht den anderen, weil er einen Menschen braucht, der ganz für ihn da ist. Wenn er ihn nicht hat, verkümmert er und wird selbst unfähig, Liebe zu empfinden und weiterzugeben.

Ein Seitensprung darf nicht verharmlost werden, aber es ist deutlich zu betonen, daß er – wenn beide es wollen – auch ohne weiteres zu kitten ist und nicht in die Katastrophe führen muß. „Liebende leben von der Vergebung" heißt ein Eheroman von Manfred Hausmann, dessen Titel einzuprägen sich lohnt. Diese Vergebung heilt Wunden, verändert Wirklichkeiten oder mindestens die Art, sie zu erleben und zu verkraften, und schafft damit neue Vorbedingungen für den Versuch, den jede Ehe bedeutet. Sie ist nie vollkommen, kennt keine Garantien und ist Tag für Tag ein Risiko. Daran erinnert zu werden ist zwar eine bittere, aber auch notwendige Lehre. Sollte das Schicksal uns damit schlagen, können wir sogar noch dankbar sein, daß sie uns rechtzeitig erteilt wurde – Hauptsache, wir ziehen die richtigen Konsequenzen daraus!

Zur Überwindung des Eifersuchtskonflikts rate ich in solchen Fällen:

– Setzen Sie Ihren Partner/Ihre Partnerin ab sofort

nicht mehr unter Druck! Vermeiden Sie von jetzt an Drohungen, Erpressungen, Vorwürfe, lautstarke Szenen und Tränenausbrüche! Eine heftige Szene kann zwar durchaus heilsam sein, aber in einer so heiklen Situation wie dieser sind Streitereien nicht die richtige Form der Kommunikation. Sie können Ihren Partner/Ihre Partnerin damit außerdem in der Ansicht bestärken, daß er/sie sich mit der anderen Frau/dem anderen Mann soviel besser versteht als mit Ihnen!

– Spionieren Sie Ihrem Mann/Ihrer Frau nicht mehr nach! Geben Sie es auf, ihn/sie zu überwachen oder zu kontrollieren! Abgesehen davon, daß es für Sie selbst demütigend und deprimierend ist, wird Ihr Mann/Ihre Frau darauf bestenfalls mit Trotz reagieren.

– Laufen Sie Ihrem Partner/Ihrer Partnerin auf keinen Fall nach! Sie könnten ihm/ihr lästig werden und er/sie könnte Mitleid – anstatt Liebe – zu Ihnen entwickeln.

– Suchen Sie nicht das Gespräch mit der Freundin Ihres Mannes/dem Freund Ihrer Frau! Solche Gespräche enden fast immer mit der niederschmetternden Erkenntnis Ihrer Ohnmacht.

– Besprechen Sie Ihr Problem auch nicht unbedingt mit Ihren Eltern, guten Freunden oder „Busenfreundinnen"! Allzuleicht entsteht dann eine Komplott-Situation gegen Ihren Mann/Ihre Frau. Wenn Sie ihn/sie in die Enge treiben, flüchtet er/sie erst recht zu der/dem Geliebten als „dem einzigen Menschen, der noch zu mir hält".

Was eine Ehefrau/ein Mann, die/der die Ehe retten will, in dieser schwierigen Situation nicht tun sollte, ist damit klargestellt.

Was aber sollte sie/er denn unternehmen?

Ich schlage in solchen Fällen ein „Arbeitsprogramm" vor, das – darüber sollten Sie sich im klaren sein – eine große Portion Selbstkritik und Selbstdisziplin erfordert. Doch der Einsatz lohnt sich – und er hat sich auch für Angela gelohnt –, weil er zum einen den Ursachen der Eifersucht zu Leibe rückt und zum anderen dem Partner die Rückkehr in die Ehebeziehung ermöglicht, ohne daß er „sein Gesicht verliert".

– Überprüfen Sie bei einer begründeten – erst recht aber bei unbegründeter – Eifersucht, wie es um Ihr Selbstbewußtsein bestellt ist! Stabilisieren und stärken Sie sich selbst, indem Sie sich immer wieder sagen: Ich weiß, wer ich bin, und ich lasse mich nicht wirklich verunsichern! Nichts und niemand kann mich aus dem Gleis bringen! Ich mag mich, so wie ich bin! Ich akzeptiere auch meine Schwächen! Ich verstehe meinen Mann/meine Frau und seine/ihre Gefühle, ja, auch seine/ihre Gefühle für eine andere Frau/einen anderen Mann! Ich kann ihm/ihr nicht alles geben, ebenso wie er/sie mir auch nicht alles geben kann. Aber wir müssen einen Weg finden, der uns wieder zusammenführt. Das ist allerdings ein langer Prozeß!

– Tun Sie etwas, um Ihr Selbstwertgefühl aufzumöbeln! Besuchen Sie Fortbildungskurse, nehmen Sie, falls Sie Hausfau sind, eine bezahlte Nebentätigkeit an, die Ihnen Spaß macht und Ihnen die Anerkennung anderer Menschen verschafft! Spüren Sie vernachlässigte Interessen wieder auf, treiben Sie Gymnastik oder Sport und schaffen Sie sich einen eigenen Bekanntenkreis.

– Niemand verlangt, daß Sie sich ständig für Ihre Familie aufopfern. Auch Sie haben das Recht, einmal an sich und nur an sich zu denken. Ihr Vertrauen zu sich selbst wird allmählich wachsen, ebenso das Vertrauen zu Ihrem Mann/Ihrer Frau. In gleichem Maße wie dieses Zutrauen wächst, werden Ihre Eifersuchtsregungen sich abschwächen.

– Sobald Sie sich innerlich gefaßter fühlen und sich bewußt geworden sind, daß Sie „auch ... wer" sind, versuchen Sie einmal, sich selbst und Ihr bisheriges Verhalten nüchtern und sachlich zu sehen. Ordnen Sie Ihr Verhalten in „positiv" und „negativ" – am besten schriftlich. Finden Sie heraus, welche Verhaltensweisen Ihren Mann/Ihre Frau mit Sicherheit abstoßen, vor welchen er/sie buchstäblich „davonläuft". Wenn es Ihnen nun gelingt, diese Verhaltensweisen künftig auszusparen, dann haben Sie bereits einen großen Schritt aus der Krise heraus getan.

– Der nächste Schritt ist: Finden Sie heraus, was Ihr Mann/Ihre Frau an Ihnen, an Ihrem Verhalten, in Ihrer Beziehung vermißt und nun – bewußt oder unbewußt – außerhalb der Ehe sucht. Fragen Sie sich: Kann ich mich ändern? Versuchen Sie es, und Sie werden eine überraschende Erfahrung machen: Nachdem Sie sich geändert haben, beginnt auch Ihr Partner sein Verhalten zu ändern. Das eine zieht das andere nach sich.

– Jetzt sollten neue Gespräche beginnen. Scheuen Sie sich nicht, auch über das zu sprechen, was bisher tabu war! Wichtig ist, daß Sie lernen, über alles miteinander zu reden; das Gespräch darf nicht abreißen! Beobachten Sie sich anfangs besonders sorgfältig, damit Sie nicht in den alten Fehler verfallen, das Verhalten Ihres Partners ständig wertend – meistens abwertend – zu registrieren. Sagen Sie nicht: „Wenn ich gewußt hätte, was für ein Schuft du bist, hätte ich dich nie geheiratet!" oder „Als Ehemann hast du kläglich versagt!"

– Geben Sie Ich-Mitteilungen. Sagen Sie: „Ich fühle mich in dieser Situation allein gelassen" oder „Ich weiß nicht, wie es weitergehen soll". Alle kränkenden Äußerungen vergrößern die Distanz zwischen Ihnen beiden. Ein Gespräch ohne Vorwürfe dagegen bringt Sie wieder näher zueinander und erleichtert Ihrem Mann/Ihrer Frau die Entscheidung, die Fremdbeziehung aufzugeben und zu Ihnen zurückzukehren. Erst wenn Sie sich zu Ihrer eigenen Schwäche bekennen, sind Sie wirklich stark!

– Treffen Sie gemeinsam folgende Entscheidung: Wir wollen nicht mehr an das Schlimme von gestern, sondern an das Gute von heute und an das Bessere von morgen denken. Wir wollen die Chance des Augen-

blicks wahrnehmen, wir wollen neu anfangen und es immer wieder miteinander versuchen. Selbst nach einem Ehebruch ist das möglich, denn in jeder Krise steckt die Chance eines Neubeginns. Jeder muß auf die angstvolle Umklammerung des anderen verzichten und ihn wirklich völlig freigeben. Dann kann er sich ihm wieder öffnen und sich erneut für ihn entscheiden.
Dieser notwendige Vorgang des Loslassens kostet viel innere Kraft und Überwindung. Es ist daher keineswegs ungewöhnlich oder erstaunlich, wenn Sie das nicht alleine schaffen, wenn Sie sich davon überfordert fühlen. Ein neutraler Dritter muß jetzt auf den Plan, am besten ein Eheberater.
Sie sollten den Weg in die öffentliche Eheberatung nicht scheuen. Hier können Sie am ehesten Hilfe erwarten.
Angela und Thomas haben diese Chance wahrgenommen. Sie konnten ihre Ehe retten. Heute zittert Angela nicht mehr vor rasender Eifersucht, wenn ihr Mann auf Betriebsfesten mit den attraktiven Frauen seiner Geschäftspartner tanzt. Sie ermuntert ihn sogar dazu: „Den Cha-Cha-Cha tanzt du besser mit der südamerika-erfahrenen Frau Wenzel. Vielleicht lernst du es dann endlich", sagt sie scherzend.
Thomas ist immer wieder überrascht, wie gut seine Frau ihn jetzt versteht. „Unser heutiges Glück würde ich nie mehr aufs Spiel setzen", sagt er oft. Und seine Worte klingen überzeugend ...

Dies ist natürlich immer leichter gesagt als getan, aber erwachsen werden heißt nun einmal, abgeben, verzichten, auch allein sein können. Je älter wir werden, um so mehr wird uns klar, daß wir letzten Endes allein sind, und den letzten Gang geht jeder allein. Mag sein, daß wir dann in einer neuen Einheit für immer aufgehen in der großen unio mystica, der „Zweieinheit", der endgültigen Vereinigung mit Gott, aus der wir nicht mehr herausfallen, aus der es keinen Eifer und keine Sucht, keine Angst und keine Enttäuschung mehr gibt. Das Problem der Eifersucht ist eines des Übergangs zwischen zwei großen existentiellen Einheiten, zwischen denen wir als einsamkeitsunfähige, in die Individuation hinausgeworfene Menschen existieren und verzweifelt nach Kommunikation und Liebe suchen, darum bangend und darum kämpfend, zumal Liebe das einzige ist, was in diesem Leben zu lohnen scheint.

Wie läßt sich Eifersucht überwinden?

Die erste Frage muß nach allem, was ausgeführt wurde, wohl lauten: Ist Überwindung der Eifersucht überhaupt möglich? Bei einer so tief wurzelnden, so gefühlsbeladenen, vitalen Regung ist dies zunächst zu bezweifeln. Auch wurde auf die vielfältigen Ausdrucksformen der Eifersucht aufmerksam gemacht: die Eifersucht auf den unerwünschten Liebespartner, den Dritten im Bunde, auf das Hobby, die Schwiegermutter, die Kinder, den beruflichen Streß des Partners und jedes nur denkbare Dritte, das der ausschließlichen Zweierbeziehung in die Quere kommen könnte. So etwas ist natürlich nicht auszuschließen, und auch die Gefühle, mit denen wir einen anderen, den wir lieben, für uns beanspruchen, werden wir kaum ganz ausschließen können. Die Frage ist außerdem, ob wir es sollten.

Nicht nur, daß Eifersucht zum lebhaftesten Motiv aller Literatur geworden ist – sie bestimmt auch jene reizvolle Atemlosigkeit des Lebens, mit der wir zwischen Hoffnung und Angst, zwischen Liebe und Haß, zwischen Wert- und Unwertgefühlen in unaufhebbarer dialektischer Spannung schweben. Ganz sicher würde unser Leben ohne Eifersucht langweiliger und ereignisloser sein. Schon deshalb verdient sie, neben viel berechtigter Kritik, wohl auch ein gutes Wort.

Aber, daß eben diese Äußerungen der Kritik berechtigt sind und daß Eifersucht Menschen leiden läßt – die subjektiv wie die objektiv von ihr Betroffenen nämlich –, zwingt uns wohl doch, über die Möglichkeiten ihrer Überwindung nachzudenken.

Hierfür gibt es zwei Ansätze und mit ihnen verbunden die beiden einzigen Wege, um irgendwann über sie hinwegzukommen. Diese beiden Wege verhalten sich konträr. Wir nennen den einen den subjektivierenden, den anderen den objektivierenden Weg.

Subjektiv kommt alles darauf an, daß der von Eifersucht

Heimgesuchte sein Selbstwertgefühl stärkt. Eifersucht fühlt am stärksten der um seinen Selbstwert Bangende, der ihn mit dem möglichen Verlust des anderen dahingehen sieht, dessen Leben ohne den anderen sinnlos und leer zu werden droht, weil er aus sich selbst nicht genug Kraft, Eigengewicht und vor allem Eigenwert besitzt.

Wir wissen, daß Ichstärke und Selbstwertgefühl bereits in der frühesten Kindheit aufgebaut oder eben abgebaut werden. Eine autoritäre, dirigistische und noch dazu erniedrigende Erziehung macht den Menschen unsicher und unselbständig, vermittelt ihm Unwertgefühle und läßt ihn vom Urteil und von der Zuwendung der anderen abhängig werden. Das Gegenteil ist eine ermutigende, freiheitliche Erziehung, die Autorität nicht zur Unterdrückung mißbraucht, sondern sie in ihrem eigentlichen Wortsinne – auctoritas kommt von augere, was soviel wie mehren, fördern, wachsen lassen heißt – dazu benutzt, Selbstwert und Selbstvertrauen des Kindes aufzubauen. Insofern kann die Erziehung auf einem nicht genug beachteten Umweg auch viel für die Überwindung später auftauchender Eifersuchtsgefährdungen tun. Allerdings wird sie nicht völlig dagegen immunisieren. Wir sahen, daß das Kind in jeder denkbaren Entwicklung aus einer exklusiven „Zweieinheit" hervorgeht, diese für sein Überleben braucht und lebenslang nie vergißt. Es kann sich also nur um Grade und Akzente handeln, in denen die

Befreiung aus der selbstwertbindenden Abhängigkeit zu einem anderen gelingt. Wenn überhaupt, dann allerdings muß sie so gelingen, daß dieser Selbstwert stark und im Grunde unzerstörbar erlebt wird und deswegen auch Verlustkrisen gut überstehen kann. Die Frage ist, ob dadurch nicht auch Verluste leichter herbeigeführt werden. Denn viele Paarbeziehungen halten nur deshalb lange, weil beide Angst vor einer Trennung und Auflösung haben. Die selbstwertbeschränkende Angst hat also auch eine Schutzfunktion für das Paar, wenngleich eine Einschränkungswirkung für den einzelnen.

Neben diesem subjektstärkenden und deshalb subjektivierenden Weg bleibt der genau gegenteilige ebenso aussichtsreich: der objektivierende. Hier geht es darum, den Verflechtungen in eine stark gefühlsbeladene und leidenschaftliche Paarbeziehung objektivierende, versachlichende, übergeordnete Momente entgegenzustellen. Schon die jahrhundertealte Tradition philosophischen Nachdenkens über die Freiheit hat zu dem eindeutigen Ergebnis geführt: Bindung macht frei. Wer etwas Übergeordnetes hat, kommt von Abhängigkeiten los. Wer einer Sache dient, nimmt seine Ängste weniger wichtig, wer an Gott glaubt, wird von Menschen unabhängig. Hier löst sich das magische Dreieck unerwünschter Abhängigkeit in dem metaphysischen Dreieck übergeordneter Bindung auf. Auch die Praxiserfahrung zeigt, daß die Menschen am tiefsten in Eifersucht verstrickt sind, die sich von ihren Affekten hinreißen lassen und die, selbstunkritisch und ohne jede Distanz zu ihren besitzergreifenden Gefühlen, sich mit diesen voll identifizieren. Dadurch werden sie, gleich einem Kork auf den Wellen, dem Auf und Ab ihrer eigenen schwankenden Gefühlswelt ausgesetzt – im Gegensatz zu einem Schiff, dessen Ruder in der Hand eines starken Steuermannes seinem vorgegebenen Kurs folgt –, mögen die Wellen noch so hoch schlagen und die Gefahren im Augenblick noch so mächtig erscheinen.

Weitergespannte Ziele, die den Augenblick übergreifen, größere Aufgaben und die Relativierung der eigenen Person auf etwas hin, das wichtiger ist als man selbst, verhelfen zu jener Unerschütterlichkeit, die wir stoisch nennen, weil sie den alten Stoikern als höchste Tugend galt. Da, wo der Nähe- oder gar der Besitzanspruch in bezug auf den anderen mich umzuwerfen droht, mache ich mir klar: Der andere hat sein eigenes Leben und demzufolge sein Lebensrecht. Ich muß – auch wenn es schwerfällt – zurücktreten, wenn er es will. Ich bin auf eine ausschließliche Bindung nicht angewiesen, weil ich auch in anderen Lebensbezügen stehe, die ihr Recht fordern, die mich auszufüllen vermögen. Ich weiß, daß das Leben und also auch das Glück kein Besitz sein kann, sondern eine Leihgabe auf Zeit, die irgendwann zurückzugeben ist. Ich stelle mich gleichsam über mich selbst, weil ich weiß, daß sub specie aeternitatis, also unter dem Blickwinkel der Ewigkeit, mein Schmerz klein und vorübergehend ist. Ich darf mich ihm nicht ganz ausliefern, sondern versuche, Herr über mich und die Situation zu bleiben. Ich werde leiden, aber ich werde neu gestärkt daraus hervorgehen, wenn ich mich nicht restlos und sklavisch an das Leiden verliere, das aus dem Sichanklammern und Nicht-Hergebenwollen resultiert.

Mit dieser Selbstdistanz, zu der ich mich erziehen kann, wie immer meine Kindheit ausgesehen haben mag, wird es mir leichter möglich sein, Eifersucht durchzustehen und abzulegen.

Ich ändere also meinen Blickwinkel und meine Einstellung: Weg von den eigenen, scheinbar unlösbar fixierten Gefühlen hin zu einer etwas objektiveren Sicht des anderen und der Situation. Dies stabilisiert mich. Ich sage mir: Ich liebe mich und auch den anderen. Ich weiß, wer ich bin, und versuche gleichzeitig, den anderen und seine Gefühle zu verstehen. Ich weiß auch, daß ich ihm nicht alles geben kann, wie auch er mir nicht alles geben kann. Darum kann ich ihn tolerieren und vielleicht sogar seine Außenbeziehungen akzeptieren, ohne sie gleich als bedrohlich empfinden zu müssen. Ich werde toleranter und begreife die Herausforderung der Eifersucht als Reifungschance zu mehr Ichstärke und Selbstsicherheit, aber auch Selbstdistanz.

Diesen Rat gebe ich als Psychologe immer und immer wieder den betroffenen Dritten einer ins magische

Dreieck der Eifersucht geratenen Beziehung – und relgelmäßig mit gutem Erfolg.

Da ist die Frau des Journalisten, die ihren geistig beweglichen, wenn auch fast zwanzig Jahre älteren Lebenspartner an eine gleichaltrige Konkurrentin abgeben zu müssen fürchtet. Sie ist attraktiv, klug, jugendlich und hat im Grunde gute Chancen, ihn wiederzugewinnen. Aber sie gerät in Panik, kann nicht schlafen, nicht essen, nimmt in wenigen Wochen fünf Kilo ab und möchte am liebsten ihr Leben wegwerfen. Wir überlegen, so kühl und nüchtern wie möglich, wie groß die Wahrscheinlichkeit denn wirklich ist, daß sie den Mann an die andere verliert. Diese ist alles andere als attraktiv oder jugendlich, ist nicht besonders originell und geistvoll, aber bewundert ihn und gibt seiner krisenartig zugespitzten Angst vor dem Älterwerden noch einmal Aufschub. Im Grunde weiß er, was er an seiner Frau hat, telefoniert häufig mit ihr, besucht sie bei Tage oder auch bei Nacht und gibt zu erkennen, daß er höchst unglücklich und hin- und hergerissen ist.

Je mehr die Ehefrau die Konkurrentin akzeptiert oder zumindest realistisch sieht, um so mehr erlischt mit der Faszination des Unheimlichen, Unbekannten, Bösen auch die Angst. Sie wird sich ihrer selbst bewußt und beginnt dies auch planmäßig zu unterstreichen: Sie gönnt sich, was sie sich bisher versagte, kauft sich ein Fahrrad, ein sportliches Kleid, unternimmt eine Reise, geht auf Einladungen ein und spricht selbst welche aus, ohne sich in einen hektischen Wirbel von Betriebsamkeit zu stürzen, der nur ablenken soll. Ablenken in einem gewissen Grade ist gut, aber zu sich kommen ist besser. Sie macht sich auch mit der Aussicht vertraut – so unwahrscheinlich sie sein mag –, eventuell auf Dauer allein zu leben. Wenn wir das Schlimmste ins Auge fassen, verliert es seine lähmende, angstauslösende Kraft. Sie kann mit dem Gedanken leben und richtet sich dieses Leben Schritt für Schritt ein. Allein leben hat auch Vorzüge: Man kann seine Zeit einteilen, das Bad benutzen, wann man will, sich so laut, wie man möchte, in der Wohnung bewegen, kochen oder es auch lassen, ausgehen oder nicht, Geselligkeit suchen oder sie meiden. Manches mag krampfhaft wirken, aber die wirklichen, echten Vorzüge des Alleinlebens können auch bewußt genossen werden. Dies tut sie jetzt und gewinnt dadurch an Sicherheit und eine Ausstrahlung, die sich ihrem Mann mitteilt. So wird sie für ihn allmählich wieder wichtig. Er nimmt sie ernst, wird von ihr angezogen, und schließlich ist nach einigen Monaten der vermutete Erfolg eingetreten: Er kommt zu ihr zurück, und beide beginnen auf einer neuen Ebene, an ihrer Beziehung zu arbeiten.

Nicht nur der „Fremdgänger" und „Heimflüchtling" hat sich geändert, ist durch vieles Ringen und Suchen, durch Versuch und Irrtum zu einer neu gefestigten Wahrheit zurückgelangt: Sein Partner ist doch der beste. Auch sie hat sich verändert, ist selbständiger und reifer geworden und kann eventuellen Eskapaden und Verliebtheiten gefaßter entgegensehen. Das heißt nicht, daß sie nun eine Kette von Amouren und Abenteuern hinzunehmen bereit sein müßte. Sie hat auch aus dem Weggang einiges gelernt: Ihre allzu korrekte und strenge Art, die er als schulmeisterlich und unlebendig empfand, hat sich im Zuge wachsender Selbständigkeit und leichteren Lebensgenusses gelockert. Sie gönnt sich mehr und darum auch anderen. Er fühlt sich mehr akzeptiert und nicht mehr ganz so eingeengt und kann deswegen freiwillig die Bindung bejahen, die er als Unfreiwilliger ablehnen mußte. Dennoch ist die Bindung heute nicht mehr die gleiche: Beide sind freier geworden, haben auch einmal ohne einander gelebt. Sie wissen, inwieweit sie es können und inwieweit sie es nicht können. Sie behandeln einander behutsamer, um den anderen nicht zu verlieren. Aber sie achten auch ihre Selbständigkeit mehr, um sich nicht erneut aufzugeben.

Das Problem der Eifersucht berührt sich eng, ja ist untrennbar eins mit dem Problem von Symbiose und Selbständigkeit. Eine symbiotische Beziehung muß früher oder später an den Punkt der Enttäuschung durch Eifersucht kommen. Hildegard Baumgart schreibt mit Recht: „Zum Aufgeben der von der Liebe intendierten Ausschließlichkeit muß jeder, der heute in einer auf Dauer gerichteten Zweierbeziehung lebt, Stellung beziehen. Die Utopie des Verschmelzens, des dauernden Aufeinanderbezogenseins, an die oft wider alle Vernunft, dafür aber mit allen Fasern des Herzens geglaubt wird, läßt sich ja nie halten, sondern höchstens für Augenblicke – allerdings sicher nicht nur orgastische – erreichen. Was also mit der Trennung anfangen, was mit der Eifersucht?" Genau dies ist die Frage und auch das Dilemma: Je näher und enger die Beziehung, desto größer der Schmerz durch Eifersucht, desto stärker aber auch der verdrängte Impuls des Wegwendens, das immer zugleich mit einem Zuwenden an einen anderen verbunden sein könnte. Je mehr Trennung, desto größer aber auch die Sehnsucht nach Vereinigung und Wiederfinden.

Eine Lösung dieses Dilemmas für alle Menschen und alle Zeiten gibt es sicher nicht. Die jeweils mögliche Lösung wird immer ein Punkt innerhalb dieses Spannungsbogens sein – und zwar nach Maßgabe der Temperamente, der Erwartungen und Enttäuschungen, der Liebesintensität und nicht zuletzt auch der Beziehungsreife und -dauer. Eine Partnerschaft, eine Ehe bleibt nämlich nicht zu allen Zeiten gleich. Sie durchläuft eine Entwicklung und verschiedene Reifungs- und natürlich auch Resignationsstufen.

Wohl jede Ehe hat ihren Weg begonnen in der Erwartung des Glücks. Zehn Jahre später kommen die Partner zu der Einsicht, daß eine glückliche Ehe ein besonderes Geschenk darstellt und der Weg dazu beinahe übermenschliche Anforderungen stellt. An die

Stelle einer glücklichen Ehe tritt dann häufig genug nur noch die gute Ehe als Leitbild: Man respektiert und versteht, liebt und achtet einander, ohne noch auf das totale Glück und die grenzenlose Verschmelzung aus zu sein. Viele Paare schließlich resignieren in der Einsicht, durch die Ehe weder glücklich zu werden noch auf die Dauer eine gute Ehe zustande zu bringen. Sie lassen es mit der gültigen Ehe bewenden, die sie aus wohlerzogenen Gründen nicht aufgeben wollen. Will man einmal diese drei Erwartungsgrade und Entwicklungsstufen gegenüberstellen, so wird sich folgendes ergeben: Eine Ehe oder eine Partnerschaft ist:

glücklich	gut	gültig
Maximum	Optimum	Minimum
Leidenschaft	Liebe	Achtung
Ineinander	Miteinander	Nebeneinander
Faszination	Kommunikation	Konvention
Idealität	Realität	Fatalität

„Vielleicht ist es falsch und gefährlich, allzu einseitig das Leitbild einer glücklichen Ehe und Partnerschaft zu propagieren. Die Enttäuschungen auf den weiteren Stufen müssen folgen. Dabei ist auch eine gute Beziehung, in der beide sich wohl fühlen, noch viel. Dagegen kann man streiten, ob eine nur noch gültige Ehe, in der die Partner nicht mehr glücklich sind und nicht einmal mehr gut zusammenleben, das Minimum der menschlichen Bedürfnisse noch erfüllt, zu denen ja Glück und Zufriedenheit hinzugehören. Zumindest wird das Problem der Eifersucht in der formalisierten, nur noch gültigen Beziehung eine untergeordnete Rolle spielen. Eifersucht ist nun einmal der Preis für Leidenschaft. Sie sollte allerdings nicht mit Liebe gleichgesetzt werden. Vielmehr sagt La Rochefoucauld: „Es gibt eine Liebe, die so stark ist, daß sie die Eifersucht ausschließt."

Wer sich seiner ganz sicher geworden ist und wo ein Paar sich seiner Liebe wirklich sicher sein kann, da kann einer den anderen in seiner Selbständigkeit respektieren, und dieses macht Eifersucht gegenstandslos und allenfalls zu einem gelegentlichen kleinen, pikanten Gewürz der Beziehung, auf daß sie nicht langweilig werde und schließlich sterbe. Diese Eifersucht braucht man nicht niederzukämpfen. Sie wird gleichsam durchstoßen, und durch sie hindurch brechen die Liebenden zu neuen Ufern gegenseitiger Freiheit auf, in der Selbstliebe und Liebe einander durchdringen und bedingen. Völlig vermeiden läßt sich Eifersucht kaum, aber sie darf nicht das letzte Wort haben, sondern immer nur die Vorstufe einer neuen Ebene reifender Liebe sein.

Dafür empfiehlt sich folgendes Selbststärkungsprogramm:

1. Überprüfen Sie, wie es um Ihr Selbstbewußtsein und Ihr Selbstvertrauen bestellt ist, wenn Sie Eifersucht in sich verspüren.
2. Stabilisieren und stärken Sie sich selbst, indem Sie

sich wieder und wieder sagen: Ich weiß, wer ich bin. Ich lasse mich nicht verunsichern und aus dem Gleis werfen. Ich mag mich und sage ja zu mir.
3. Ich verstehe meinen Partner und seine Gefühle, auch sein Interesse für Dritte. Ich kann ihm nicht alles bedeuten, wie auch er mir nicht alles geben kann, was ich brauche.
4. Ich akzeptiere meine und darum auch seine Schwächen. Ich erwarte nichts Übermenschliches von ihm und bin immer aufs neue bereit, mit ihm zu reden und einen neuen Weg zu suchen.
5. Tun Sie etwas, um Ihr Selbstwertgefühl aufzubauen. Besuchen Sie Fortbildungskurse, nehmen Sie eine interessante Tätigkeit auf und genießen Sie auch die Anerkennung anderer Menschen.
6. Niemand verlangt, daß Sie sich ständig für einen Partner oder nur für Ihre eigene Familie aufopfern. Sie haben ein Recht, auch an sich zu denken. So wird Ihr Vertrauen zu sich selbst allmählich wachsen und damit das Vertrauen zum Partner.
7. So gewinnen Sie wieder Halt und Fassung, spüren, wer Sie sind und daß Sie etwas wert sind. Im gleichen Maße, in dem dieses Vertrauen wächst, werden sich die Eifersuchtsregungen abschwächen.
8. Gewinnen Sie zunehmend Unabhängigkeit vom Urteil anderer, auch des Partners. Erst dann werden Sie für ihn so attraktiv, wie Sie es sich wünschen. Um so weniger wird er andere interessant finden.

Reihe Lebensformen

Bücher von Ulrich Beer

Graphologie. Handschrift ist Herzschrift
4. Auflage 2003, 190 S.,
ISBN 3-8255-0417-4,
€ 17,90

Was Farben uns verraten. Eine bunte Psychologie
5. Aufl. 2004, 192 S.,
ISBN 3-8255-0445-X,
€ 17,90

Jeden Morgen neu. Die Bibel in 366 Tagesthemen (hrsg. zusammen mit Ernst Burmann)
2. Auflage 2004, 384 S.,
ISBN 3-8255-0500-6, € 24,90

Mit weniger gesünder leben. Im Überfluß das eigene Maß finden
3. Auflage 2005, 136 S.,
ISBN 3-8255-0498-0, ca. € 15,–

Nach Herzenslust. Geschichten – Gedichte – Gedanken
2004, 306 S., geb.,
ISBN 3-8255-0490-5, € 23,50

Das Früchtehoroskop. Eine heitere Charaktertypologie (zusammen mit Heidrun Steuernagel)
2005, ca. 100 S.,
ISBN 3-8255-0505-7, ca. € 15,–

Neues Glück finden. Von einer Trennung zu einer neuen Bindung
1991, 176 S., ISBN 3-8255-0439-5, € 9,90

Nur ein Kind! Auf dem Weg zur Ego-Gesellschaft?
2. Auflage 2004, 200 S.,
ISBN 3-8255-0497-4, € 18,90

Glücklich alt. Die dritte Lebensphase kann die beste sein
2. Auflage 2004, 240 S.,
ISBN 3-8255-0496-4,
€ 19,90

Kriege beginnen im Herzen – der Frieden auch ... Tabus und Vorurteile: ihre Wurzeln und Wirkungen
2. Auflage 2003, 130 S.,
ISBN 3-8255-0435-2, € 12,90

Die Kunst, Menschen für sich zu gewinnen. Richtig motivieren und überzeugen
3. Auflage 2003, 194 S.,
ISBN 3-8255-0429-8, € 17,90

Ich bin mein eigener Arzt. Selbsthilfe für mehr Wohlbefinden
9. Auflage 1990, 190 S.,
ISBN 3-8255-0438-7, € 7,–

Kraft aus der Einsamkeit. Eigene Potentiale erforschen und genießen
1990, 192 S., ISBN 3-8255-0441-7,
€ 13,–

Jugend braucht Autorität. Ein Aufruf zur pädagogischen Vernunft
2. Auflage 2005, 158 S.,
ISBN 3-8255-0431-X, € 14,90

Centaurus Verlag · www.centaurus-verlag.de